essentials

Essentials liefern aktuelles Wissen in konzentrierter Form. Die Essenz dessen, worauf es als „State-of-the-Art" in der gegenwärtigen Fachdiskussion oder in der Praxis ankommt. Essentials informieren schnell, unkompliziert und verständlich

- als Einführung in ein aktuelles Thema aus Ihrem Fachgebiet
- als Einstieg in ein für Sie noch unbekanntes Themenfeld
- als Einblick, um zum Thema mitreden zu können.

Die Bücher in elektronischer und gedruckter Form bringen das Expertenwissen von Springer-Fachautoren kompakt zur Darstellung. Sie sind besonders für die Nutzung als eBook auf Tablet-PCs, eBook-Readern und Smartphones geeignet.

Essentials: Wissensbausteine aus Wirtschaft und Gesellschaft, Medizin, Psychologie und Gesundheitsberufen, Technik und Naturwissenschaften. Von renommierten Autoren der Verlagsmarken Springer Gabler, Springer VS, Springer Medizin, Springer Spektrum, Springer Vieweg und Springer Psychologie.

Christoph Moss · Jill-Catrin Heurich

Weblogs und Sprache

Untersuchung von linguistischen Charakteristika in Blog-Texten

Prof. Dr. Christoph Moss
Jill-Catrin Heurich

Iserlohn
Deutschland

ISSN 2197-6708   ISSN 2197-6716 (electronic)
essentials
ISBN 978-3-658-08913-9   ISBN 978-3-658-08914-6 (eBook)
DOI 10.1007/978-3-658-08914-6

Die Deutsche Nationalbibliothek verzeichnet diese Publikation in der Deutschen Nationalbiblio-
grafie; detaillierte bibliografische Daten sind im Internet über http://dnb.d-nb.de abrufbar.

Gedruckt auf säurefreiem und chlorfrei gebleichtem Papier

Springer Fachmedien Wiesbaden ist Teil der Fachverlagsgruppe Springer Science+Business
Media (www.springer.com)

Was Sie in diesem Essential finden können

- In dieser Untersuchung werden Weblog-Texte, journalistische Kommentare in Onlinemedien sowie Corporate Blogs auf ihre sprachlichen Merkmale untersucht.
- Es handelt sich um eine Vergleichsstudie, die ein Forschungsdesign aus den Jahren 2007 und 2010 wiederholt.
- Die Verfasser werten insgesamt 1500 Texte aus, jeweils 500 aus den Kategorien Weblog, journalistischer Kommentar und Corporate Blog.
- Die Beiträge werden anhand von fünf sprachlichen Charakteristika untersucht.
- Die Ergebnisse zeigen über die Jahre hinweg deutliche Veränderungen in der Sprache von Blogs und journalistischen Kommentaren.

Inhaltsverzeichnis

Abbildungsverzeichnis

Tabellenverzeichnis

Sprachliche Stilistik von Weblogs, Corporate Blogs & Zeitungskommentaren

1

Glaubwürdigkeit und Vertrauen sind die zwei ausschlaggebenden Merkmale, die darüber entscheiden, ob ein Autor erfolgreich für seine Leserinnen und Leser schreibt oder nicht. Verfasser werden nur dann von ihrem Publikum als vertrauensvoll eingestuft, wenn sie glaubwürdig und authentisch publizieren. Im Vordergrund hierbei steht ohne Zweifel die sprachliche Qualität der Kommunikation (Reinmuth 2006, S. 60).

Vertrauen und die daraus folgende Glaubwürdigkeit bei Weblogs, Corporate Blogs und journalistischen Kommentaren in Onlinemedien entstehen auf unterschiedliche Art und Weise. Weblogs (oder kurz: Blogs) sind elektronische Tagebücher im Internet (Moss 2008a, S. 1). Corporate Blogs werden als Weblog eines Unternehmens definiert (Leopold 2013, S. 6). Ein Kommentar ist eine meinungsäußernde journalistische Darstellungsform (von La Roche 2008, S. 173). Autoren von Weblog-Texten wirken auf die Leserschaft glaubwürdig, da sie subjektiv aus erlebten Ereignissen und Situationen berichten und somit ihre Erfahrungen mit den Lesern teilen (Stradmann 2010, S. 22). Blogger in Corporate Blogs bauen ebenfalls die Glaubwürdigkeit durch subjektive Erfahrungen und Erlebnisbeispiele auf, müssen jedoch stets den Standpunkt und das Erscheinungsbild des Unternehmens im Hinterkopf bewahren, wenn es um sprachlichen Ausdruck und Wortwahl geht (Diehm und Firnkes 2013, S. 138). Journalisten schaffen die Glaubwürdigkeit und das damit verbundene Vertrauen durch ihre objektive Haltung und Schreibweise (Hohlfeld et al. 2013, S. 64). Sie haben die Aufgabe, die Fakten und Ereignisse so objektiv wie möglich für die Leser zusammen zu tragen, zu verdichten und bereit zu stellen. Sie trennen also Nachricht und Kommentar.

Im Folgenden werden die drei genannten Darstellungsformen genauer auf ihre sprachliche Stilistik untersucht. Bereits im Jahr 2006 hat Schmidt (S. 75) herausgearbeitet, dass die Sprache in Weblog-Texten deutlich von den sprach-

© Springer Fachmedien Wiesbaden 2015
C. Moss, J.-C. Heurich, *Weblogs und Sprache,* essentials,
DOI 10.1007/978-3-658-08914-6_1

lichen Fähigkeiten der Autoren beziehungsweise Blogger abhängt. Ähnlich dem Journalismus, wo unterschiedliche Autoren für ein Medium schreiben, sind auch bei Weblogs unterschiedliche Autoren berechtigt, Texte zu verfassen. Da Blogs in der Regel jünger sind als journalistische Formate, kann es schwierig sein, einen einheitlichen Sprach- und Schreibstil für diese Sphäre zu benennen. Die sprachliche Stilistik ist abhängig von der Herkunft, der Ausbildung und dem sozialen Umfeld, in dem ein Autor schreibt (Gätje 2008, S. 93). Weiterhin ist die Sprache eines Bloggers davon abhängig, welchen Charakter und welche Einstellungen das Weblog vertritt. Bereits im Jahr 2005 haben Schlobinski und Siever (S. 18) eine linguistische Veränderung im Schreibstil der Blogger festgestellt. In der geschriebenen Sprache nutzen Verfasser von Weblogs zunehmend die gesprochene Sprache. In der Tendenz schreiben sie also wie sie sprechen, um der Leserschaft authentisch und glaubwürdig gegenüber zu treten. Damit steigt die Wahrscheinlichkeit, dass sie von der gesamten Leserschaft verstanden werden. Wird ein Verfasser also verstanden, wirkt er glaubwürdig, und die Leser vertrauen ihm.

Auffällig in der Vergangenheit ist die Nutzung von Anglizismen in Blogs gewesen (Moss 2008a). Aber auch dieses sprachliche Merkmal findet seinen Ursprung in der Entwicklung von Kommunikation und Sprache. Englische Begriffe werden eingedeutscht und als normales deutsches Wort in eine Unterhaltung oder einen Text eingebettet (Röhe 2011, S. 52 f.). Teilweise fällt die Benutzung von Anglizismen im ersten Moment gar nicht auf, weil es im deutschen Sprachgebrauch bereits gelernt ist, englische Wörter durch deutsche zu ersetzen (Moss 2008a), wie etwa bei „*Sinn machen*" oder „*am Ende des Tages*".

Schlobinski et al. konnten im Jahr 2006 den Vorwurf nicht bestätigen, dass Weblogs einen übermäßig hohen Anteil an Anglizismen-Nutzung aufweisen. Damals lag der Anglizismen-Gebrauch innerhalb von Weblogs bei einem Prozent. In welchem Maße sich dieser Wert verändert hat, wird im Laufe dieses Essentials detailliert erläutert. Bereits bestätigen können die Autoren die Aussage von Schlobinski et al., dass der Ursprung der Anglizismen-Nutzung in der computer- und internetorientierten Sprache liegt. Viele Anglizismen stammen außerdem aus Produktbeschreibungen, Werbung und der Mode (Schlobinski et al. 2006, S. 69).

Corporate Blogger hingegen sind angehalten, im Namen des Unternehmens zu schreiben und dabei stets auf die angemessene Schreibweise und Wortwahl des Auftraggebers Rücksicht zu nehmen. Dazu gehört etwa die Frage, ob die Leserschaft geduzt oder gesiezt wird. Für viele Unternehmen ist es wichtig, dass die Corporate Blogger so authentisch wie möglich Erfahrungsberichte über das Unternehmen veröffentlichen, aber auch Ereignisse niederschreiben, die sie mit dem Unternehmen verbinden. Entscheidend ist dabei, dass die Texte nicht werblich sind (Ahlers 2014).

Journalistischen Verfassern von Zeitungskommentaren wird häufig unterstellt, eine Appell-Funktion inne zu tragen, indem sie die Leserschaft mit ihren Beiträgen in ihrer Meinung und ihrem Verhalten verändern möchten (Gansel et al. 2009, S. 49 f.).

Journalisten sind zunächst dazu angehalten, Objektivität zu wahren. Alle Informationen, die sie auf unterschiedliche Art und Weise erhalten, müssen sie zusammentragen, zusammenfassen und entsprechend objektiv wiedergeben (Hohlfeld et al. 2013, S. 64). Dabei darf eine Zeitung aber auch eine eigene Meinung vertreten, die innerhalb eines Kommentars ausgelebt werden darf. Für die Leserschaft ist somit sofort ersichtlich, dass es sich um die Meinung des Autors beziehungsweise der Zeitung handelt und nicht um einen objektiven Fakt (Kurz et al. 2002, S. 301).

Journalisten neigen aber auch dazu, einen eigenen Schreibstil zu entwickeln (Lieske 2008a, S. 140), der wiederum dem Objektivitätsgedanken zuwider läuft. Gleichwohl sollte der Ausdruck persönlicher Gefühle und Interjektionen, die Wahl der Satzzeichen und die Verwendung von „ich"-bezogenen Wörtern gezielt eingesetzt werden. Verwendet ein Journalist „ich"-bezogene Begriffe, stellen diese keineswegs die persönliche Meinung des Autors dar; sie betonen die Meinung und Einstellung der Zeitung (Kurz et al. 2002, S. 301).

Gegenstand der Untersuchung 2

Die Grundgesamtheit dieser und der zwei vorangegangen Studien sollten alle existierenden Corporate Blogs, alle Weblogs sowie alle Zeitungen bilden. Nach Schätzungen existierten im Jahr 2009 bereits 161.000 Weblogs (Noddlegei 2009), denen 476 Zeitungen in Deutschland gegenüberstanden (IVW 2009). Bis 2014 ist die Zahl auf 355 Zeitungen gesunken (BDZV 2014). Innerhalb von zehn Jahren hat die Zeitungsbranche knapp ein Viertel ihrer Auflage verloren (Röper 2014, S. 254). 2004 hatte die Gesamtauflage deutscher Tageszeitungen noch bei 26,284 Mio. Exemplaren gelegen, 2014 waren es nur noch 19,943 Mio.. Leider existieren zum jetzigen Zeitpunkt keine exakten Informationen darüber, wie viele Weblogs und Corporate Blogs derzeit aktiv sind. Eine Studie, die Statista publiziert hat, zählte 2011 weltweit etwa 173 Mio. Blogs (Statista 2014). 2009 waren es derselben Quelle folgend noch 127 Mio. Blogs. Auch für die Zukunft kann mit einem weiteren Wachstum gerechnet werden. Da diese Gesamtheit den Rahmen der vorliegenden Untersuchung gesprengt hätte, bezieht sich diese Studie auf eine Teilerhebung. Für ein interpretationsfähiges Ergebnis werden, wie bereits in der Untersuchung 2010, pro Medium jeweils 50 Objekte untersucht (Schäfer 2010).

Aus forschungsökonomischen Gründen und einer erkennbaren Bewegung von Print zu Online (Gottschalk 2010, S. 32) bieten die zehn auflagenstärksten überregionalen Tageszeitungen Deutschlands mit ihren Onlinemedien die Grundlage der zu untersuchenden Kommentare, Leitartikel und Editorials. In der Zeit von 2010 bis 2014 haben sich die Positionierungen der Zeitungen in ihrer Reihenfolge verändert. Demnach besteht die Untersuchung der journalistischen Kommentare in Onlinemedien aus den folgenden zehn Leitmedien (Deutscher Drucker Verlags-

© Springer Fachmedien Wiesbaden 2015
C. Moss, J.-C. Heurich, *Weblogs und Sprache,* essentials,
DOI 10.1007/978-3-658-08914-6_2

gesellschaft mbH und Co.KG 2010; laut IVW Angaben 4. Quartal 2011; netfame GmbH 2013; Statista 3. Quartal 2014; Meedia GmbH und Co.KG 2014):

> bild.de, sueddeutsche.de, faz.net, welt.de, handelsblatt.com, fr-online.de, taz.de, neues-deutschland.de, zeit.de, derwesten.de.

Alle insgesamt 500 untersuchten journalistischen Kommentare sind bis zum 27. November 2014 erschienen. Die *Financial Times Deutschland* musste nach ihrer Einstellung (tagesschau.de 2012) durch die Onlineausgabe der *WAZ* aus der Funke Mediengruppe ersetzt werden (Westseller 2014). *Die Zeit* (iqmedia 2014) ersetzt die *Welt Kompakt*, da diese eng mit der Zeitung *Die Welt* und damit der Onlineausgabe *welt.de* verbunden ist (axel springer-mediapilot 2014).

Für die Auswahl der Weblogs dienten, wie auch in der vergangenen Studie, die *Deutschen Blogcharts* vom 24. Juni 2014. Bis zum 27. November 2014 wurden jeweils 50 Einträge der zehn erstplatzierten Anbieter in die Untersuchung aufgenommen. Insgesamt wurden demnach 500 Weblogeinträge analysiert. Die Plattform *Deutsche Blogcharts* listet wöchentlich die aktuell existierenden und meist verlinkten Weblogs in Deutschland auf. Die Internetorganisation *Technorati* stellt diese Daten regelmäßig der Blogsphäre anhand ihrer Untersuchungen und Messungen zur Verfügung. Für die Untersuchung sind die folgenden zehn Weblogs Untersuchungsgrundlage:

> Der Postillon, Kai Thrun, Urgeschmack, VeganBlog.de, blog.campact.de, Die Weltpresse, NachDenkSeiten, Blogrebellen, Stefan Niggemeier, SocialPlanet.

Tabelle 2.1 gibt Aufschluss über die Herkunft der Blog-Autoren.

Weblogs wie *mimikama, Amy & Pink, Das Katzenfuttermischwerk* oder *Dressed like machines* konnten kein Gegenstand der Untersuchung sein, da sie hauptsächlich aus Bild- und Videomaterial bestehen. Ebenfalls wurden gut positionierte Weblogs wie *netzfrauen* aus der Untersuchung genommen, da diese als Blogsprache hauptsächlich Englisch verwenden.

Die aktuell führenden Corporate Blogs herauszufiltern, stellte sich als schwierig dar, da lediglich ein Unternehmensblog unter den Top 100 Blogcharts vorzufinden war. Demnach wurden die beliebtesten und bekanntesten Unternehmensblogs für die Untersuchung frei von den Autoren ausgewählt (Jacobsen 2011, S. 389). Grundlage hierfür waren die Unternehmensblogs der Untersuchung im Jahr 2010 sowie das Ranking der Computer- und Internetzeitschrift *t3n* von November 2012 (Budde 2012). Die folgenden zehn Unternehmen bieten die Untersuchungsgrundlage der Corporate Blogs:

Tab. 2.1 Autoren der untersuchten Weblogs und ihre berufliche Herkunft. (Quelle: eigene Recherche)

	Weblog	Urheber	Beruf	Sonstiges
1.	Der Postillon	Stefan Sichermann	Selbstständig	Preis bester Unterhaltungsjournalist des Jahres 2014; Grimme-Online Award 2013
2.	Kai Thrun	Kai Thrun	Social Media Manager	Beirat von SEED-Experts, Mitglied im BVCM für digitale Kommunikation & Social Media
3.	Urgeschmack	Felix Olschewskis	Freier Autor & Musiker	1. deutschsprachige Quelle zur Paleo-Diät 2009
4.	VeganBlog	PETA Deutschland e.V. Ingrid Newkirk und Harald Ullmann	Tierschutzbeamtin & Autorin; Audio-Video Koordinator USA PETA	Schwesterorganisation von PETA USA; 3 Mio. Unterstützer - größte Tierrecht-Organisation weltweit
5.	Blog Campact	Campact e.V. Christoph Bautz; Dr. Felix Kolb; Dr. Günter Metzges	Diplom-Biologe & Politikwissenschaftler; Politikwissenschaftler; Politikwissenschaftler & Erwachsenenpädagoge	laut Bautz: größte politische Internet-Organisation Deutschlands in 2010
6.	Die Weltpresse	Alexander Bayer	Blogger & Journalist	frei erfunden; journ. Flexibilität; kritisches Satiremagazin
7.	NachDenkSeiten	Albrecht Müller; Dr. Wolfgang Lieb	Nationalökonom; Jurist	etwas gegen die Einseitigkeit & Flachheit der öffentlichen Debatte tun zu wollen
8.	Blogrebellen	Peter Ohnacker	Blogger	–
9.	Stefan Niggemeier	Stefan Niggemeier	Medienjournalist	Gründer Bildblog, Medienpreis für Sprachkultur 2012
10.	SocialPlanet	Jannis Stolzenberg	Blogger	private Homepage

Das Daimler-Blog, Yello Bloghaus, Ritter Sport Blog, Audi Blog, Metro Genussblog, Jack Wolfskin Outdoor Blog, Das OTTO-Fashion-Blog, Kindle Post, Tchibo Blog, Frosta-Blog.

Analog zu den Weblogeinträgen wurden insgesamt 500 Einträge von Corporate Blogs bis zum 27. November 2014 untersucht. Um eine vergleichbare Studie durchzuführen, wurden die insgesamt 1.500 Texte in der aktuellen Studie nach denselben sprachlichen Charakteristika untersucht wie zuvor im Jahr 2010. Es sollen die folgenden Fragen beantwortet werden:

1. Wie viele Wörter produzieren Weblog-Autoren, Corporate Blog Autoren und Journalisten in jeweils 500 Texten?
2. Wie hoch ist die Anzahl der verwendeten Anglizismen in den einzelnen Medien? Anglizismen sind Wörter mit englischsprachigem Ursprung. Dabei wurden zusammengesetzte Begriffe wie „Human Management" beispielsweise als zwei Wörter gezählt und Wortketten aus einem Mix aus Englisch und Deutsch ebenfalls einzeln gezählt. Eigennamen wie *Facebook* sowie Abkürzungen wie „SMS" wurden nicht gewertet. Ebenfalls wurden englische Adjektive und Verben wie „googlen" oder „managen" in die Untersuchung mit aufgenommen.
3. Wie oft integriert der Autor Fragezeichen und Ausrufezeichen in seinem Text?
4. Wie intensiv betreibt der Autor eine „ich"-bezogene Kommunikation?
   Um diese Frage beantworten zu können, wurden die Texte auf das Pronomen „Ich", die Reflexivpronomen „mir" und „mich" und das Possessivpronomen „mein" untersucht.
   Mit Hilfe dieser Ergebnisse kann herausgefunden werden, wie wichtig sich der Autor als Person einschätzt.
5. Wie viele graphostilistische Mittel, so genannte „Emoticons", werden in der Erstellung der Texte durch die Verfasser verwendet?

Dieses Untersuchungsmerkmal wurde erstmals in der Studie im Jahr 2010 mit in die Analyse aufgenommen. Emoticons spiegeln die Gefühlslage in der schriftlichen Sprache wider und geben Aufschluss darüber wie ein Textverfasser das Geschriebene gefühlsmäßig unterstützt. Emoticons ersetzten demnach die Mimik und Gestik der gesprochenen Sprache in der geschriebenen Sprache.

Besonderheiten und Untersuchungsdesign 3

Wie auch in den beiden vorangegangen Studien handelt es sich hier um eine deutschsprachige Untersuchung. Aus diesem Grund werden Weblogs mit einem zu hohen Englischanteil nicht mit in die Auswertung aufgenommen. Ebenfalls scheiden einzelne Blogeinträge, die einen Englischanteil von mehr als fünfzig Prozent aufweisen, aus der Studie aus. Einträge in anderen Fremdsprachen werden in der gleichen Weise behandelt. Weblogs, einzelne Blogeinträge oder auch Kommentare, die hauptsächlich aus Bild- oder Videomaterial bestehen oder deren Schreibanteil geringer ist als das Bildmaterial, können in einer linguistischen Untersuchung ebenfalls nicht gewertet werden.

Um einen exakten Vergleich ziehen zu können, werden auch in dieser Studie keine Überschriften ausgewertet. Es wird lediglich der Eintrag selbst untersucht. Etwaige Kommentare anderer Nutzer werden also nicht analysiert.

Um einen Vergleich zu den beiden vorangegangen Studien aus den Jahren 2007 und 2010 ziehen zu können, wird für diese Untersuchung ein deskriptives Forschungsdesign angewendet. Diese Methode soll Aufschluss darüber geben, wie sich bestimmte Werte in einem gewissen Zeitraum verändern. Es soll herausgefunden werden, wie sich der Gebrauch der Worte „ich", „mein", „mich" und „mir" in den vergangenen Jahren verändert hat. Weiterhin soll gemessen werden, in welchem Maße sich die Nutzung von Ausrufezeichen, Fragezeichen, Anglizismen und Emoticons im Vergleich zu den Vorstudien entwickelt hat. Der Gebrauch von Emoticons kann dabei lediglich innerhalb der vergangenen vier Jahre untersucht werden, da diese Textbausteine erst in der Studie aus dem Jahr 2010 in die Untersuchung aufgenommen wurden.

© Springer Fachmedien Wiesbaden 2015   9
C. Moss, J.-C. Heurich, *Weblogs und Sprache,* essentials,
DOI 10.1007/978-3-658-08914-6_3

Ergebnisse der Untersuchung

Im Folgenden werden die Resultate der Untersuchung vor allem in Form von Tabellen und Abbildungen präsentiert. Die wesentlichen Tendenzen werden schriftlich zusammengefasst.

4.1 Anzahl der Wörter

Insgesamt wurden 675.973 Wörter erfasst. Diese Gesamtwörteranzahl resultiert aus den jeweils 50 untersuchten Beiträgen der drei untersuchten Mediengattungen. Es zeigt sich, dass journalistische Kommentare in Onlinemedien länger sind als vergleichbare Weblogtexte. Die Tab. 4.1, 4.2 und 4.3 zeigen, wie sich die Wörter auf die einzelnen Medien verteilen.

Journalisten und Blogger nutzen aktuell mehr Wörter für ihre Texte als noch 2007, wie Abb. 4.1 zeigt.

4.2 Häufigkeit des Wortes „ich"

Durchschnittlich mehr als vier Mal pro Blogeintrag taucht in den untersuchten Corporate Blogs das Wort „ich" auf. Corporate Blogger nutzen das Personalpronomen „ich" am häufigsten – mehr als drei Mal so oft wie Journalisten in journalistischen Kommentaren. Die Tab. 4.4, 4.5 und 4.6 zeigen die Häufigkeiten des Pronomens in den einzelnen Medien.

© Springer Fachmedien Wiesbaden 2015
C. Moss, J.-C. Heurich, *Weblogs und Sprache*, essentials,
DOI 10.1007/978-3-658-08914-6_4

Tab. 4.1 Anzahl der Wörter in journalistischen Kommentaren in Onlinemedien

	Name des Mediums	Anzahl der Wörter
1	Bild Zeitung	26.758
2	Süddeutsche Zeitung	42.939
3	Frankfurter Allgemeine Zeitung	21.195
4	Die Welt	34.359
5	Handelsblatt	29.924
6	Frankfurter Rundschau	16.794
7	Westdeutsche Allgemeine Zeitung	11.441
8	TAZ. Die tageszeitung	24.854
9	Neues Deutschland	22.064
10	Die Zeit	24.106
	Gesamt	*254.434*

Tab. 4.2 Anzahl der Wörter in Weblogs

	Name des Blogs	Anzahl der Wörter
1	Der Postillon	10.211
2	Kai Thrun	19.807
3	Urgeschmack	34.359
4	VeganBlog	15.691
5	Blog Campact	20.267
6	Die Weltpresse	10.582
7	NachDenkSeiten	42.865
8	Blogrebellen	9.201
9	Stefan Niggemeier	31.960
10	SocialPlanet	4.438
	Gesamt	*199.381*

Abbildung 4.2 zeigt die Entwicklung des Wortes „ich" in den einzelnen Medien im historischen Vergleich.

Insbesondere im Journalismus ist eine deutliche Zunahme erkennbar. Dies mag darauf zurückzuführen sein, dass nun erstmals die Kommentare in Online-Medien ausgewertet wurden (statt der Print-Texte in den Vorgängerstudien). Gleichwohl liegen die Erkenntnisse auf einer Linie mit Kurz et.al. (2002), denen zufolge Journalisten sich nicht mehr streng an das stilistische Regelwerk halten und mehr persönliche und personifizierte Meinung zulassen, besonders in Kommentaren.

Tab. 4.3 Anzahl der Wörter in Corporate Blogs

	Name des Corporate Blogs	Anzahl der Wörter
1	Daimler-Blog	39.548
2	Yello Strom (Yello Bloghaus)	30.505
3	Ritter Sport Blog	19.433
4	Audi Blog	30.417
5	METRO Genussblog	23.460
6	Jack Wolfskin Outdoor Blog	23.027
7	Das OTTO-Fashion-Blog	16.488
8	Kindle Post Der Redaktions-Blog	8.225
9	Tchibo Blog	22.333
10	Frosta-Blog	8.722
	Gesamt	*222.158*

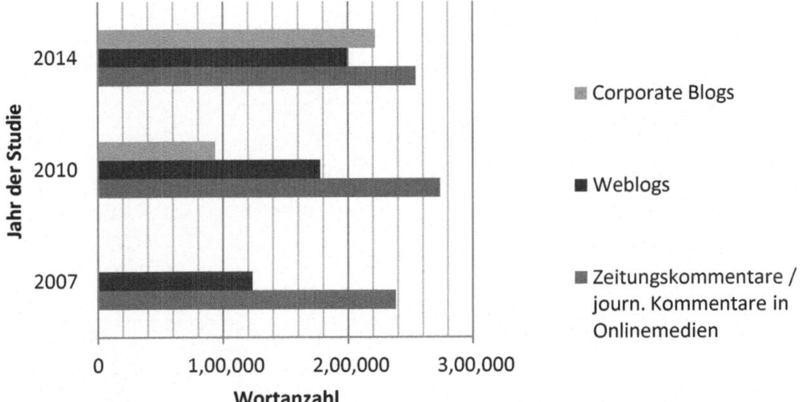

Abb. 4.1 Historischer Vergleich der Wortanzahl innerhalb der drei untersuchten Mediengattungen

4.3 Anzahl der Anglizismen

Die Tab. 4.7, 4.8 und 4.9 zeigen die Nutzung von Anglizismen in Weblogtexten, journalistischen Kommentaren in Onlinemedien sowie in Corporate Blogs. Corporate Blogger verwenden besonders gern Begriffe englischer Herkunft – statistisch gesehen fast doppelt so häufig wie Autoren von Weblogs und mehr als doppelt so häufig wie Journalisten in Kommentaren.

Tab. 4.4 Häufigkeit des Wortes „ich" in journalistischen Kommentaren in Onlinemedien

	Name des Mediums	„ich"
1	Bild Zeitung	121
2	Süddeutsche Zeitung	103
3	Frankfurter Allgemeine Zeitung	6
4	Die Welt	92
5	Handelsblatt	19
6	Frankfurter Rundschau	67
7	Westdeutsche Allgemeine Zeitung	8
8	TAZ. Die tageszeitung	58
9	Neues Deutschland	73
10	Die Zeit	51
	Gesamt	*598*

Tab. 4.5 Häufigkeit des Wortes „ich" in Weblogs

	Name des Weblogs	„ich"
1	Der Postillon	27
2	Kai Thrun	295
3	Urgeschmack	127
4	VeganBlog	47
5	Blog Campact	29
6	Die Weltpresse	30
7	NachDenkSeiten	60
8	Blogrebellen	84
9	Stefan Niggemeier	124
10	SocialPlanet	2
	Gesamt	*825*

Im Vergleich zu 2007 konnte ein geringer Anstieg an Anglizismen bei Journalisten erkannt werden, wie Abb. 4.3 zeigt. Dies ist insofern bemerkenswert, als bei dieser Textgattung von 2007 bis 2010 noch ein Rückgang der Anglizismen zu erkennen war.

Aufgrund der omnipräsenten Diskussion über den Sprachverfall durch den Einfluss der englischen Sprache im Internet wurde der prozentuale Anteil an der jeweiligen Gesamtwörterzahl berechnet. Tabelle 4.10 fasst die Ergebnisse zusammen.

Auch innerhalb dieser Studie bestätigen die Resultate die Erkenntnisse, die bereits Schlobinski und Siever (2005) und Schäfer (2011) im Rahmen ihrer Untersuchungen festgestellt haben. Demnach liegen die prozentualen Anglizismen-Anteile

Tab. 4.6 Häufigkeit des Wortes „ich" in Corporate Blogs

	Name des Corporate Blogs	„ich"
1	Daimler-Blog	617
2	Yello Strom (Yello Bloghaus)	44
3	Ritter Sport Blog	2
4	Audi Blog	166
5	METRO Genussblog	132
6	Jack Wolfskin Outdoor Blog	253
7	Das OTTO-Fashion-Blog	350
8	Kindle Post Der Redaktions-Blog	103
9	Tchibo Blog	268
10	Frosta-Blog	53
	Gesamt	*1.988*

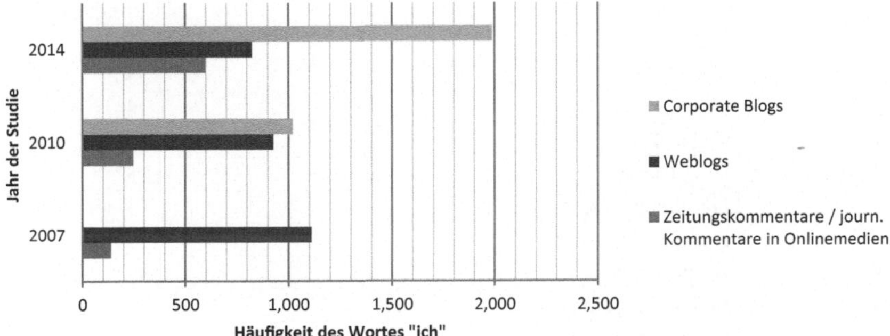

Abb. 4.2 Historischer Vergleich der Häufigkeit des Wortes „ich" innerhalb der drei untersuchten Mediengattungen

im Verhältnis zu den jeweiligen Gesamtwörteranzahlen im Durchschnitt bei gerade einmal 1,22 % der untersuchten Medien. Selbst der vergleichsweise höhere Wert von 1,81 % bei Corporate Blogs lässt nicht den Schluss zu, dass in Deutschland ein Sprachverfall durch Anglizismen droht.

Häufig sind es sogar dieselben Anglizismen, die verwendet werden. Dazu gehören etwa Begriffe wie „Management", „Team", „googlen" oder „updaten". Hinzu kommt, dass der Gebrauch von Anglizismen bei manchen Themen gar nicht zu vermeiden ist – etwa bei technischen Themen, die ihren Ursprung in der englischen Sprache finden und die eine Transformation in die deutsche Sprache kaum zulassen.

Tab. 4.7 Anzahl der Anglizismen in journalistischen Kommentaren in Onlinemedien

	Name des Mediums	Anglizismen
1	Bild Zeitung	278
2	Süddeutsche Zeitung	255
3	Frankfurter Allgemeine Zeitung	99
4	Die Welt	128
5	Handelsblatt	180
6	Frankfurter Rundschau	145
7	Westdeutsche Allgemeine Zeitung	127
8	TAZ. Die tageszeitung	242
9	Neues Deutschland	249
10	Die Zeit	177
	Gesamt	*1.880*

Tab. 4.8 Anzahl der Anglizismen in Weblogs

	Name des Weblogs	Anglizismen
1	Der Postillon	175
2	Kai Thrun	530
3	Urgeschmack	180
4	VeganBlog	116
5	Blog Campact	151
6	Die Weltpresse	73
7	NachDenkSeiten	170
8	Blogrebellen	374
9	Stefan Niggemeier	301
10	SocialPlanet	137
	Gesamt	*2.207*

4.4 Anzahl der Ausrufezeichen

Corporate Blogger und Blog-Autoren neigen dazu, die Wichtigkeit ihrer Aussagen nachdrücklich zu betonen. Mehr als doppelt so oft wie die untersuchten Journalisten in Onlinemedien unterstreichen Corporate Blogger ihre Feststellungen mit einem Ausrufezeichen. Die Tab. 4.11, 4.12 und 4.13 zeigen die Nutzung der Ausrufezeichen in den jeweiligen Medien.

Tab. 4.9 Anzahl der Anglizismen in Corporate Blogs

	Name des Corporate Blogs	Anglizismen
1	Daimler-Blog	555
2	Yello Strom (Yello Bloghaus)	251
3	Ritter Sport Blog	468
4	Audi Blog	567
5	METRO Genussblog	242
6	Jack Wolfskin Outdoor Blog	379
7	Das OTTO-Fashion-Blog	556
8	Kindle Post Der Redaktions-Blog	263
9	Tchibo Blog	558
10	Frosta-Blog	174
	Gesamt	*4.013*

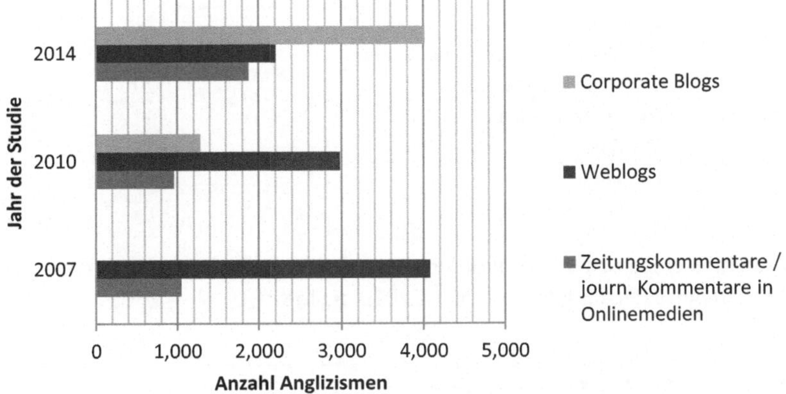

Abb. 4.3 Historischer Vergleich der Anglizismen Anzahl innerhalb der drei untersuchten Mediengattungen

Im Vergleich zu den Ergebnissen aus dem Jahr 2007, kann sowohl bei Weblogs als auch bei Kommentaren ein Anstieg bei der Nutzung von Ausrufezeichen erkannt werden. Abbildung 4.4 zeigt die Entwicklung.

Auch hier kann, wie schon in der Studie im Jahr 2010, ein Trend zu einer subjektiveren Journalistensprache in der Kommentarleitung festgestellt werden, denn der Einsatz von Ausrufezeichen bedeutet, dass der Verfasser seiner Aussage Nachdruck verleihen möchte (Moss 2008a). Dies ist in der Tat bemerkenswert, denn gerade in der Online-Kommunikation, die in dieser Studie untersucht wird, gilt

Tab. 4.10 Prozentualer Anteil an Anglizismen im Verhältnis zu der Gesamtwörteranzahl

Medium	Gesamtwörteranzahl	Anglizismen	% Anteil an Anglizismen
Weblogs	199.381	2.207	1,11
Journ. Kommentare in Onlinemedien	254.434	1880	0,74
Corporate Blogs	222.158	4.013	1,81

Tab. 4.11 Anzahl der Ausrufezeichen in journalistischen Kommentaren in Onlinemedien

	Name des Mediums	Ausrufezeichen
1	Bild Zeitung	66
2	Süddeutsche Zeitung	23
3	Frankfurter Allgemeine Zeitung	35
4	Die Welt	19
5	Handelsblatt	7
6	Frankfurter Rundschau	21
7	Westdeutsche Allgemeine Zeitung	7
8	TAZ. Die tageszeitung	20
9	Neues Deutschland	44
10	Die Zeit	57
	Gesamt	*299*

das Ausrufezeichen eher als unhöflich. Ausrufezeichen in E-Mails werden gar als Anbrüllen einer Person gewertet (Moss 2010, S. 158 ff.).

4.5 Anzahl der Fragezeichen

Fragezeichen sind ein stilistisches Mittel. Sie finden sich in allen drei Medien, wie die Tab. 4.14, 4.15 und 4.16 zeigen. Die untersuchten Texte weisen keine auffälligen Unterschiede auf.

Innerhalb von Weblogtexten und Corporate Blogtexten ist ein stetiger Anstieg in der Nutzung von Fragezeichen im Vergleich zu 2007 beziehungsweise 2010 festzustellen; wie Abb. 4.5 zeigt.

Tab. 4.12 Anzahl der Ausrufezeichen in Weblogs

	Name des Weblogs	Ausrufezeichen
1	Der Postillon	27
2	Kai Thrun	26
3	Urgeschmack	26
4	VeganBlog	50
5	Blog Campact	48
6	Die Weltpresse	5
7	NachDenkSeiten	27
8	Blogrebellen	43
9	Stefan Niggemeier	56
10	SocialPlanet	88
	Gesamt	*396*

Tab. 4.13 Anzahl der Ausrufezeichen in Corporate Blogs

	Name des Corporate Blogs	Ausrufezeichen
1	Daimler-Blog	168
2	Yello Strom (Yello Bloghaus)	35
3	Ritter Sport Blog	216
4	Audi Blog	10
5	METRO Genussblog	69
6	Jack Wolfskin Outdoor Blog	85
7	Das OTTO-Fashion-Blog	82
8	Kindle Post Der Redaktions-Blog	26
9	Tchibo Blog	116
10	Frosta-Blog	28
	Gesamt	*835*

4.6 Häufigkeit des Wortes „mich"

Das Reflexivpronomen „mich" nimmt Bezug auf die Person des Verfassers. Corporate Blogger nutzen das Reflexivpronomen „mich" mit Abstand am häufigsten, wie die Tab. 4.17, 4.18 und 4.19 zeigen.

Im Vergleich zu 2007 ist bei journalistischen Kommentaren ein starker Anstieg des Reflexivpronomens „mich" zu erkennen. Abbildung 4.6 zeigt den Vergleich.

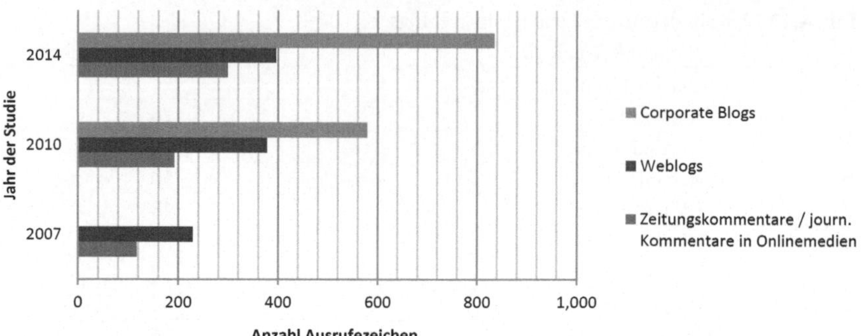

Abb. 4.4 Historischer Vergleich der Anzahl an Ausrufezeichen innerhalb der drei untersuchten Mediengattungen

Tab. 4.14 Anzahl der Fragezeichen in journalistischen Kommentaren in Onlinemedien

	Name des Mediums	Fragezeichen
1	Bild Zeitung	79
2	Süddeutsche Zeitung	107
3	Frankfurter Allgemeine Zeitung	68
4	Die Welt	70
5	Handelsblatt	29
6	Frankfurter Rundschau	42
7	Westdeutsche Allgemeine Zeitung	28
8	TAZ. Die tageszeitung	50
9	Neues Deutschland	90
10	Die Zeit	83
	Gesamt	*646*

4.7 Häufigkeit des Wortes „mein"

Ähnlich wie beim „mich" sind die Ausprägungen beim Possessivpronomen „mein". Es erscheint in den Corporate-Blog-Texten deutlich häufiger als in den untersuchten journalistischen Kommentaren in Onlinemedien (Tab. 4.20, 4.21 und 4.22).

Im Vergleich zu 2007 ist bei journalistischen Kommentaren ein enormer Anstieg in der Nutzung des Possessivpronomen „mein" zu erkennen. Abbildung 4.7 fasst die Ergebnisse im historischen Vergleich zusammen.

Tab. 4.15 Anzahl der Fragezeichen in Weblogs

	Name des Weblogs	Fragezeichen
1	Der Postillon	11
2	Kai Thrun	75
3	Urgeschmack	246
4	VeganBlog	24
5	Blog Campact	63
6	Die Weltpresse	2
7	NachDenkSeiten	123
8	Blogrebellen	39
9	Stefan Niggemeier	111
10	SocialPlanet	24
	Gesamt	*718*

Tab. 4.16 Anzahl der Fragezeichen in Corporate Blogs

	Name des Corporate Blogs	Fragezeichen
1	Daimler-Blog	164
2	Yello Strom (Yello Bloghaus)	103
3	Ritter Sport Blog	149
4	Audi Blog	32
5	METRO Genussblog	112
6	Jack Wolfskin Outdoor Blog	68
7	Das OTTO-Fashion-Blog	100
8	Kindle Post Der Redaktions-Blog	50
9	Tchibo Blog	177
10	Frosta-Blog	21
	Gesamt	*976*

4.8   Häufigkeit des Wortes „mir"

Ähnlich wie bei „mich" und „mein" bezieht sich das Reflexivpronomen „mir" auf die Person des Autors. Erwartungsgemäß sind demnach die Ergebnisse vergleichbar. In den untersuchten Corporate-Blog-Texten taucht der Begriff mehr als drei Mal so häufig auf wie in den journalistischen Kommentaren in Onlinemedien. Die Tab. 4.23, 4.24 und 4.25 fassen die Ergebnisse zusammen.

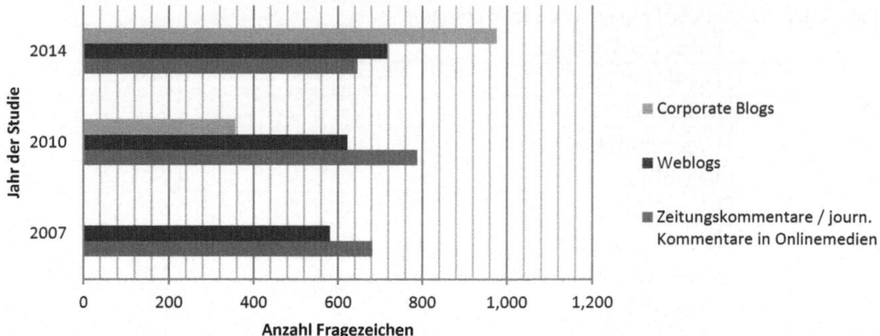

Abb. 4.5 Historischer Vergleich der Anzahl an Fragezeichen innerhalb der drei untersuchten Mediengattungen

Tab. 4.17 Häufigkeit des Wortes „mich" in journalistischen Kommentaren in Onlinemedien

	Name des Mediums	„mich"
1	Bild Zeitung	25
2	Süddeutsche Zeitung	24
3	Frankfurter Allgemeine Zeitung	2
4	Die Welt	12
5	Handelsblatt	4
6	Frankfurter Rundschau	17
7	Westdeutsche Allgemeine Zeitung	0
8	TAZ. Die tageszeitung	9
9	Neues Deutschland	13
10	Die Zeit	14
	Gesamt	*120*

Corporate Blogger zählen somit zu den Textverfassern, die die meisten Reflexivpronomen („mir" und „mich") und Possessivpronomen („mein") nutzen. Diese sagen aus, wie stark die Autoren Rückbezug auf ihre Person nehmen, wenn sie eine Aussage tätigen. Corporate Blogger stellen ihren eigenen Namen zur Verfügung, um für das Unternehmen zu bloggen. Dies liegt in der Natur eines gut geführten Corporate Blogs, in dem klar die Autorenschaft erkennbar ist. Reflexivpronomen wie „mir" und „mich" sowie das Possessivpronomen „mein" ersetzen dabei die Werte und Prinzipien des Unternehmens.

Tab. 4.18 Häufigkeit des Wortes „mich" in Weblogs

	Name des Weblogs	„mich"
1	Der Postillon	3
2	Kai Thrun	56
3	Urgeschmack	22
4	VeganBlog	11
5	Blog Campact	4
6	Die Weltpresse	5
7	NachDenkSeiten	13
8	Blogrebellen	24
9	Stefan Niggemeier	19
10	SocialPlanet	0
	Gesamt	*157*

Tab. 4.19 Häufigkeit des Wortes „mich" in Corporate Blogs

	Name des Corporate Blogs	„mich"
1	Daimler-Blog	165
2	Yello Strom (Yello Bloghaus)	11
3	Ritter Sport Blog	0
4	Audi Blog	55
5	METRO Genussblog	13
6	Jack Wolfskin Outdoor Blog	70
7	Das OTTO-Fashion-Blog	73
8	Kindle Post Der Redaktions-Blog	12
9	Tchibo Blog	52
10	Frosta-Blog	13
	Gesamt	*464*

Im Vergleich zu 2007 ist bei Weblogs ein Abfall in der Nutzung des Reflexiv-pronomen „mir" zu erkennen; jedoch ein Anstieg innerhalb von journalistischen Kommentaren festzuhalten. Abbildung 4.8 zeigt die Entwicklung:

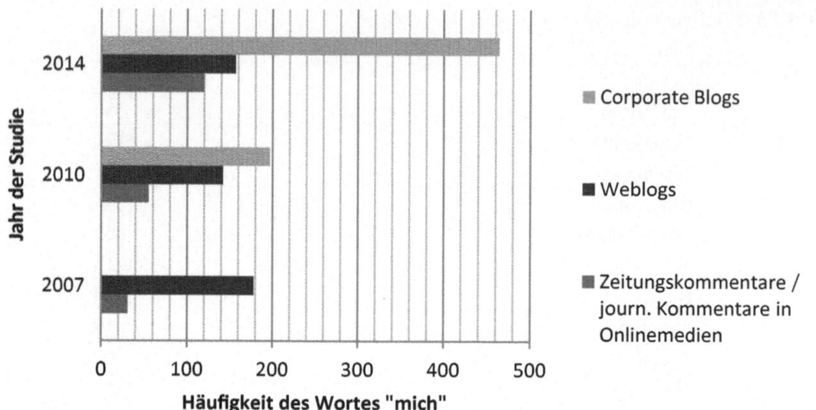

Abb. 4.6 Historischer Vergleich der Häufigkeit des Wortes „mich" innerhalb der drei untersuchten Mediengattungen

Tab. 4.20 Häufigkeit des Wortes „mein" in journalistischen Kommentaren in Onlinemedien

	Name des Mediums	„mein"
1	Bild Zeitung	24
2	Süddeutsche Zeitung	21
3	Frankfurter Allgemeine Zeitung	1
4	Die Welt	23
5	Handelsblatt	8
6	Frankfurter Rundschau	15
7	Westdeutsche Allgemeine Zeitung	0
8	TAZ. Die tageszeitung	10
9	Neues Deutschland	20
10	Die Zeit	11
	Gesamt	*133*

4.9 Anzahl der Emoticons

Die Tab. 4.26, 4.27 und 4.28 zeigen die Anzahl der Emoticons in den jeweiligen Medien.

Bereits in der Studie aus dem Jahr 2010 wurde die Anzahl der Emoticons in Corporate Blogs gezählt. Abbildung 4.9 zeigt die Ergebnisse im Vergleich:

Tab. 4.21 Häufigkeit des Wortes „mein" in Weblogs

	Name des Weblogs	„mein"
1	Der Postillon	4
2	Kai Thrun	46
3	Urgeschmack	47
4	VeganBlog	8
5	Blog Campact	1
6	Die Weltpresse	9
7	NachDenkSeiten	12
8	Blogrebellen	16
9	Stefan Niggemeier	12
10	SocialPlanet	0
	Gesamt	*155*

Tab. 4.22 Häufigkeit des Wortes „mein" in Corporate Blogs

	Name des Corporate Blogs	„mein"
1	Daimler-Blog	152
2	Yello Strom (Yello Bloghaus)	22
3	Ritter Sport Blog	0
4	Audi Blog	41
5	METRO Genussblog	19
6	Jack Wolfskin Outdoor Blog	111
7	Das OTTO-Fashion-Blog	132
8	Kindle Post Der Redaktions-Blog	49
9	Tchibo Blog	115
10	Frosta-Blog	10
	Gesamt	*651*

4.10 Interpretation

Corporate Blogger stellen ihre Person gern in den Vordergrund. Autoren von Corporate Blogs nutzen das Personalpronomen „ich" am häufigsten – mehr als drei Mal so oft wie Journalisten in journalistischen Kommentaren in Onlinemedien und mehr als doppelt so oft wie Weblog-Autoren (vgl. Abb. 4.10). Verwandte Begriffe aus der „ich"-bezogenen Kategorie wie „mir", „mich" und „mein" weisen eine ähnliche Tendenz auf. Hinzu kommt der hohe Gebrauch von Ausrufezeichen, um die eigene Aussage zu bekräftigen.

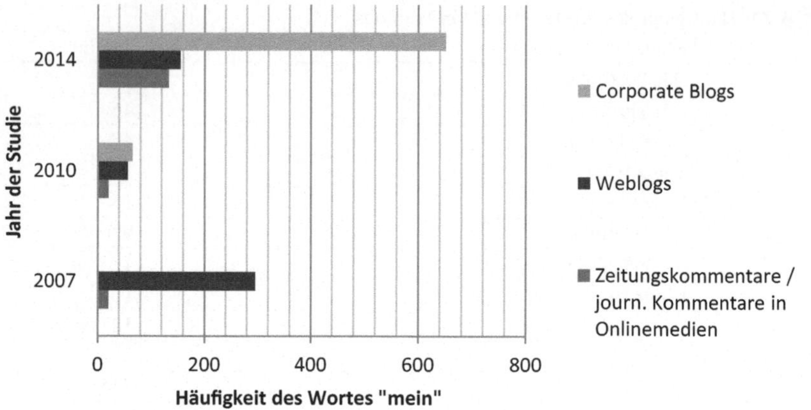

Abb. 4.7 Historischer Vergleich der Häufigkeit des Wortes „mein" innerhalb der drei untersuchten Mediengattungen

Tab. 4.23 Häufigkeit des Wortes „mir" in journalistischen Kommentaren in Onlinemedien

	Name des Mediums	„mir"
1	Bild Zeitung	17
2	Süddeutsche Zeitung	11
3	Frankfurter Allgemeine Zeitung	1
4	Die Welt	20
5	Handelsblatt	0
6	Frankfurter Rundschau	10
7	Westdeutsche Allgemeine Zeitung	2
8	TAZ. Die tageszeitung	6
9	Neues Deutschland	16
10	Die Zeit	17
	Gesamt	*100*

Die Orientierung am „Ich" liegt in der Natur der Weblogs und Corporate Blogs, die schließlich als elektronische Tagebücher im Internet entstanden sind. Autoren von Weblog-Texten wirken auf die Leserschaft glaubwürdig, da sie subjektiv aus erlebten Ereignissen und Situationen berichten und somit ihre Erfahrungen mit den Lesern teilen (Stradmann 2010, S. 22). Blogger in Corporate Blogs bauen ebenfalls Glaubwürdigkeit durch subjektive Erfahrungen und Erlebnisbeispiele auf, müssen

Tab. 4.24 Häufigkeit des Wortes „mir" in Weblogs

	Name des Weblogs	„mir"
1	Der Postillon	6
2	Kai Thrun	60
3	Urgeschmack	22
4	VeganBlog	4
5	Blog Campact	1
6	Die Weltpresse	5
7	NachDenkSeiten	8
8	Blogrebellen	22
9	Stefan Niggemeier	24
10	SocialPlanet	1
	Gesamt	*153*

Tab. 4.25 Häufigkeit des Wortes „mir" in Corporate Blogs

	Name des Corporate Blogs	„mir"
1.	Daimler-Blog	120
2.	Yello Strom (Yello Bloghaus)	10
3.	Ritter Sport Blog	0
4.	Audi Blog	35
5.	METRO Genussblog	16
6.	Jack Wolfskin Outdoor Blog	27
7.	Das OTTO-Fashion-Blog	68
8.	Kindle Post Der Redaktions-Blog	20
9.	Tchibo Blog	44
10.	Frosta-Blog	10
	Gesamt	*350*

jedoch stets den Standpunkt und das Erscheinungsbild des Unternehmens im Hinterkopf bewahren, wenn es um sprachlichen Ausdruck und Wortwahl geht (Diehm und Firnkes 2013, S. 138). Journalisten schaffen Glaubwürdigkeit und das damit verbundene Vertrauen durch ihre objektive Haltung und Schreibweise (Hohlfeld et al. 2013, S. 64).

Sie haben die Aufgabe, Nachricht und Kommentar zu trennen. Sie sollen Fakten und Ereignisse so objektiv wie möglich für die Leser zusammentragen, verdichten und bereitstellen. Ihre eigene Meinung soll als solche klar erkennbar sein. Die zunehmende Verwendung von Anglizismen, Ausrufezeichen und Begriffen, die das eigene Ich betonen, ist gleichwohl bemerkenswert.

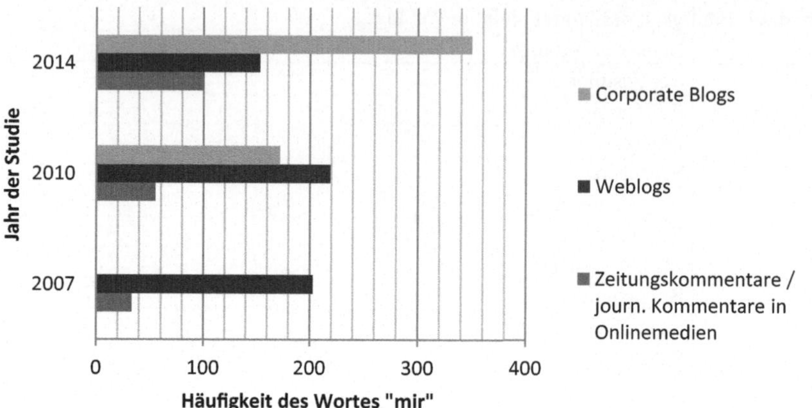

Abb. 4.8 Historischer Vergleich der Häufigkeit des Wortes „mir" innerhalb der drei untersuchten Mediengattungen

Tab. 4.26 Anzahl der Emoticons in journalistischen Kommentaren in Onlinemedien

	Name des Mediums	Emoticons
1	Bild Zeitung	0
2	Süddeutsche Zeitung	0
3	Frankfurter Allgemeine Zeitung	0
4	Die Welt	0
5	Handelsblatt	0
6	Frankfurter Rundschau	0
7	Westdeutsche Allgemeine Zeitung	1
8	TAZ. Die tageszeitung	2
9	Neues Deutschland	0
10	Die Zeit	0
	Gesamt	*3*

Auffallend in der vorliegenden Untersuchung ist die Nutzung von Anglizismen in Corporate Blogs (vgl. Abb. 4.11). Dies dürfte mit den Inhalten der Texte zusammenhängen. Diese sind sehr häufig technisch geprägt und drehen sich oft um den Schwerpunkt Internet, Medien und Mode.

Autoren von Corporate Blogs müssen eine anspruchsvolle Aufgabe bewältigen. Sie müssen eine Sprache sprechen, die sich von PR und Werbung unterscheidet

Tab. 4.27 Anzahl der Emoticons in Weblogs

	Name des Weblogs	Emoticons
1	Der Postillon	12
2	Kai Thrun	3
3	Urgeschmack	1
4	VeganBlog	3
5	Blog Campact	2
6	Die Weltpresse	0
7	NachDenkSeiten	0
8	Blogrebellen	7
9	Stefan Niggemeier	1
10	SocialPlanet	11
	Gesamt	*40*

Tab. 4.28 Anzahl der Emoticons in Corporate Blogs

	Name des Corporate Blogs	Emoticons
1	Daimler-Blog	13
2	Yello Strom (Yello Bloghaus)	2
3	Ritter Sport Blog	160
4	Audi Blog	0
5	METRO Genussblog	0
6	Jack Wolfskin Outdoor Blog	0
7	Das OTTO-Fashion-Blog	4
8	Kindle Post Der Redaktions-Blog	0
9	Tchibo Blog	0
10	Frosta-Blog	3
	Gesamt	*182*

(Moss 2008b, S. 33). Gleichzeitig sollen sie aber auch die Person in den Vordergrund stellen und emotional sein. Die vorliegende Studie zeigt, dass die untersuchten Corporate Blogs dieses Kriterium inzwischen erfüllen.

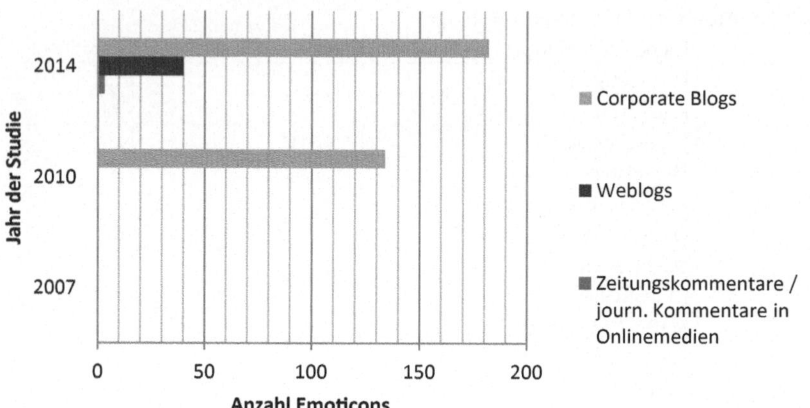

Abb. 4.9 Historischer Vergleich der Anzahl der Emoticons innerhalb der drei untersuchten Mediengattungen

Corporate Blogger stellen die eigene Person in den Vordergrund

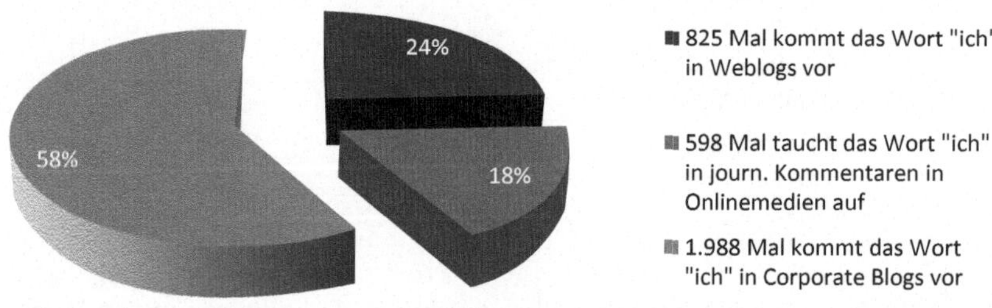

Abb. 4.10 Vergleich der Häufigkeiten des Wortes „ich" in Weblogs, Corporate Blogs und journalistischen Kommentaren in Onlinemedien

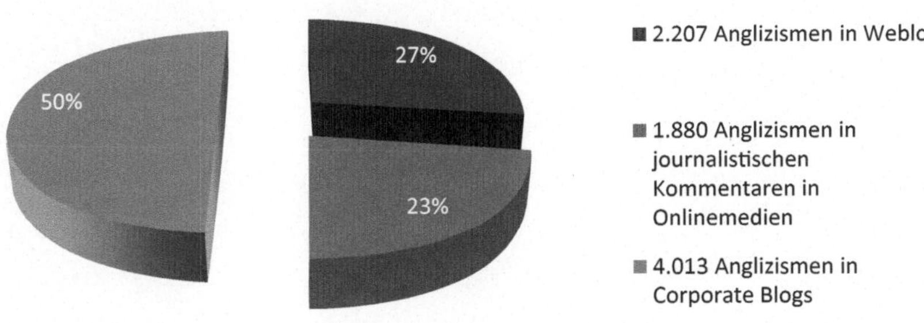

Abb. 4.11 Vergleich der Häufigkeiten von Anglizismen in Weblogs, Corporate Blogs und in journalistischen Kommentaren in Onlinemedien

Fazit

Die folgenden fünf Merkpunkte sollen eine kurze und übersichtliche Zusammenfassung des Essentials wiedergeben.

© Springer Fachmedien Wiesbaden 2015
C. Moss, J.-C. Heurich, *Weblogs und Sprache*, essentials,
DOI 10.1007/978-3-658-08914-6

Was Sie aus diesem Essential mitnehmen können

- Die Sprache der Journalisten wird zunehmend subjektiv. Journalisten schreiben „ich"-bezogener als in der Vergangenheit.
- Weblogs werden sachlicher. Objektive Information gewinnt an Bedeutung.
- Corporate Blogs schreiben auffallend „ich"-betont. Es zeigt sich, dass Verfasser von Unternehmensblogs klar zwischen Auftraggeber und Autor trennen.
- Wenn der Gebrauch von Anglizismen ein Hinweis auf Sprachverfall im Netz sein soll, lässt sich dies nicht in dieser Studie nicht bestätigen. Gemessen an der Gesamtwörterzahl bestehen die untersuchten Texte zu 1,22 % aus Anglizismen.
- Klassische Weblogs nutzen kaum Emoticons, Corporate Blogger hingegen sehr wohl.

© Springer Fachmedien Wiesbaden 2015
C. Moss, J.-C. Heurich, *Weblogs und Sprache,* essentials,
DOI 10.1007/978-3-658-08914-6

Literatur

Bücher Monographien

Diehm, S., & Firnkes, M. (2013). *Die Macht der Worte – Schreiben als Beruf.* Heidelberg: Hüthig Jehle Rehm GmbH.

Gansel, C., & Jürgens, F. (2009). *Textlinguistik und Textgrammatik. Eine Einführung.* (3. unveränd. Aufl., Neuausg. Der 2. überarb. und erg. Aufl. von 2007). Göttingen: Vanedenhoeck & Ruprecht.

Gätje, O. (2008). *Linguistik – Impulse & Tendenzen.* Berlin: Walter de Gruyter GmbH & Co.KG.

Gottschalk, P. (2010). Der kreative Link von Print zu Online. Tageszeitungen fitmachen für das Internet.

Hohlfeld, R., Müller, P., Richter, A., & Zacher, F. (2013). *Crossmedia – wer bleibt auf der Strecke? Beiträge aus Wissenschaft und Praxis* (2. Aufl.). Berlin: LIT (Dr. W. Hopf).

Jacobsen, J. (2011). *Website. Konzeption. Erfolgreich Websites planen, umsetzen und betreiben* (6. Aufl.). München: Addison-Wesley.

Kurz, J., Müller, D., Pötschke, J., & Pöttker, H. (2002). *Stilistik für Journalisten.* Wiesbaden: Westdt. Verl.

Kurz, J., Müller, D., Pötschke, J., Pöttker, H., & Gehr, M. (2010). *Stilistik für Journalisten* (2. Aufl). Wiesbaden: VS Verlag für Sozialwissenschaften.

von La Roche, W. (2008). *Einführung in den praktischen Journalismus.* Berlin: con Verlag.

Leopold, M. (2013). *Corporate Blogs – Praxistipps für Strategie, Inhalt & Ziele.* Köln: O'Reilly Verlag.

Lieske, S. (2008). *Das Image von Journalisten. Eine qualitative Untersuchung.* Wiesbaden: VS Verlag für Sozialwissenschaft/ GWV Fachverlage GmbH.

Moss, C. (2008a). *Sprachliche Merkmale von Weblogs.* Münster: Verlagshaus Monsenstein und Vannerdat OHG.

Moss, C. (2010). *Vielen Dank für Ihre E-Mai – Kurioses, Wissenswertes und Hilfreiches rund um das Kommunikationsmittel Nr. 1.* Frankfurt a. M.: Verlag Frankfurter Allgemeine Buch.

Röhe, K. (2011). *Zweifelsfrei Deutsch. Wortbildung & Wortbedeutung.* (Bd. 4). Stuttgart: PONS Ernst Klett Sprachen GmbH.

© Springer Fachmedien Wiesbaden 2015

C. Moss, J.-C. Heurich, *Weblogs und Sprache,* essentials,

DOI 10.1007/978-3-658-08914-6

Schmidt, J. (2006). *Weblogs. Eine kommunikationssoziologische Studie*. Konstanz: UVK Verl.-Ges.

Stradmann, S. (2010). *Weblogs versus Journalismus. Zwischen Konkurrenz und Komplementarität*. Hamburg: Diplomica Verlag GmbH.

Sammelwerke

Moss, C. (2011). *ISM-Jahrbuch Unternehmenskommunikation 2011. ISM Schriftenreihe* (Bd. 18). Dortmund: International School of Management gGmbH.

Schlobinski, P. (2006). *Von *hdl* bis *cul8r*. Sprache und Kommunikation in den neuen Medien*. Mannheim: Dudenverl.

Internet

Ahlers, F. (2014). http://www.frostablog.de/page/2. Zugegriffen: 05. Aug. 2014.

Axel, S. M. (2014). Die Welt. Portrait. http://www.axelspringer-mediapilot.de/portrait/DIE-WELT-DIE-WELT_671154.html. Zugegriffen: 24. Juni 2014.

Bundesverband Deutscher Zeitungsverleger e. V. (2014). Die deutschen Zeitungen in Zahlen und Daten 2014. http://www.bdzv.de/fileadmin/bdzv_hauptseite/markttrends_daten/wirtschaftliche_lage/2014/assets/ZDF_2014.pdf. Zugegriffen: 13. Aug. 2014.

Deutscher Drucker Verlagsgesellschaft mbH & Co. KG (2010). Die größten überregionalen Tageszeitungen Deutschlands. http://www.print.de/News/Bildergalerien/Die-groessten-ueberregionalen-Tageszeitungen-Deutschlands. Zugegriffen: 24. Juni 2014.

Endl (2012). Die auflagenstärksten überregionalen Tageszeitungen. Verkaufte Auflagen laut IVW 4. Quartal 2011 vom 03.02.2012. http://www.print.de/Top-10/Top-10-Produkte/Ueberregionale-Tageszeitungen-verkaufte-Auflagen-laut-IVW-4.-Quartal-2011/(offset)/5. Zugegriffen: 24. Juni 2014.

Informationsgesellschaft zur Feststellung und Verbreitung von Medien E. V. (2009). Auflagenzahlen des 4. Quartals 2009. http://daten.ivw.eu/index.php?menuid=5&u=&p=. Zugegriffen: 01. April 2010.

iqmedia (2014). Die Zeit Preisliste 2014 gültig ab 01. Januar 2014, Nr. 59. http://www.iqm.de/fileadmin/user_upload/Medien/Zeitungen/Die_ZEIT/Downloads/IQM-PL-DIE_ZEIT-2014_Stand_5.11.13.pdf. Zugegriffen: 24. Juni 2014.

Meedia GmbH & Co.KG (2014). Die erfolgreichsten Samstags-Zeitungen: tz, taz und Süddeutsche vom 24.10.2014 von Herrn Jens Schröder. http://meedia.de/2014/10/24/die-erfolgreichsten-samstags-zeitungen-tz-taz-und-sueddeutsche/. Zugegriffen: 27. Nov. 2014.

netfame GmbH. (2013). Die Top 10 Tageszeitungen vom 16. Mai 2013. http://www.dermerkur.de/die-top-10-tageszeitungen/. Zugegriffen: 24. Juni 2014.

Noddlegei (2008). Blogger-Blogs. Statistik der weltweiten Verteilung 2008 und Google-Docs. http://noodlegei.blogspot.com/2009/01/blogger-blogs-statistik-der-weltweiten.html. Zugegriffen: 24. Feb. 2010.

Schlobinski, P., & Siever, T. (2005). Sprachliche und textuelle Merkmale von Weblogs. Ein internationales Projekt. http://www.mediensprache.net/networx/networx-46.pdf. Zugegriffen: 20. Feb. 2010.

Statista (2014a). Anzahl der Blogs weltweit von 2006 bis 2011 (in Mio., jeweils Oktober). http://de.statista.com/statistik/daten/studie/220178/umfrage/anzahl-der-blogs-weltweit/. Zugegriffen: 13. Aug. 2014.

Statista (2014b). Verkaufte Auflage der überregionalen Tageszeitungen in Deutschland. Im 3. Quartal 2014. http://de.statista.com/statistik/daten/studie/73448/umfrage/auflage-der-ueberregionalen-tageszeitungen/. Zugegriffen: 10. Juli 2014.

Tagesschau (2012). Die letzte FTD erscheint am 7. Dezember vom 23.11.2012. http://www.tagesschau.de/wirtschaft/ftd114.html. Zugegriffen: 24. Juli 2014.

Westseller (2014). Tageszeitungen NRW. http://www.westseller.de/medien/tageszeitungen-nrw/. Zugegriffen: 24. Juni 2014.

Hochschulschriften

Reinmuth, M. (2006). Vertrauen schaffen durch glaubwürdige Unternehmenskommunikation. - Von Geschäftsberichten und den Möglichkeiten und Grenzen einer angemessenen Sprache. Dissertation. Düsseldorf. Heinrich-Heine Universität.

Schäfer, A. (2010). Sprachliche Charakteristika von Weblogs - Implikationen für die Unternehmenskommunikation. Bachelor Thesis. Frankfurt a. M. International School of Management.

Zeitschriftenartikel

Budde, L. (2012). 10 Beispiele für gute Corporate Blogs. t3n Open.Web.Business. Bd. 29. http://t3n.de/news/10-beispiele-gute-corporate-blogs-424976/. Zugegriffen: 13. Aug. 2014.

Moss, C. (2008b). Viel Luft nach oben. *Absatzwirtschaft, 5,* 28–33.

Röper, H. (2014). Zeitungsmarkt 2014: Erneut Höchstwert bei Pressekonzentration. Media Perspektiven, MP 5/2014, S. 254. Zugegriffen: 23. Juni 2014.